LA ECONOMÍA PENSADA PARA NIÑOS

elementos básicos para entender su funcionamiento

PABLO ECHEGOYEN

ISBN : 978-9974-94-871-6
Uruguay - 2020

CONTENIDO

actividades.

INTRODUCCIÓN

El presente libro está especialmente preparado para niños y no tan niños. Para ello se tuvo en cuenta que sea de fácil lectura y comprensión. El libro puede ser utilizado en el centro educativo y también en familia. Está dirigido a los niños/as, a maestros/as, padres y madres, familias y público en general. Para su elaboración se priorizó que la bibliografía fuera mayoritariamente nacional y con contenidos técnicos.

Este libro permite acercar la educación económica y financiera a los niños, sabiendo que el tema no se agota en un solo libro.

Hoy en día se habla mucho de economía en los hogares, en los medios de comunicación y en el ámbito laboral, está presente en nuestras vidas y además se está transformando en este siglo XXI producto de la tecnología y las llamadas nuevas economías. El libro trata estos temas en forma amena y educativa.

Está dividido en capítulos (siete) para facilitar su lectura y contiene más de 25 actividades que complementan los temas en forma didáctica, para desarrollar junto al docente o en familia. Además, el contenido del libro permite realizar un sinnúmero de actividades más y se abre un abanico de temas para tratar.

CAPÍTULO 1.
¿QUÉ ES LA ECONOMÍA?

La palabra economía

La palabra economía tiene su origen en la palabra griega "oikonomos" que significa administrar el hogar.

Ahora bien, **¿qué significa administrar un hogar?**

Las personas que habitan en el hogar tienen que tomar decisiones económicas permanentemente, las decisiones se pueden resumir en:

. cómo conseguir dinero (recursos) para atender los gastos (necesidades) del hogar, y además

. cuánto dinero se destinará a los diferentes gastos, como ser: vivienda, locomoción, alimentación, ropa, educación, tecnología, impuestos, etc.)

          Pablo Echegoyen

La Economía como ciencia

La Economía es la ciencia social que estudia el problema que enfrentan las sociedades al tener que asignar recursos limitados para producir bienes y servicios con la finalidad de satisfacer las necesidades humanas que son ilimitadas.

Del concepto de economía se desprenden los siguientes elementos:

1 Ciencia social

2 Bienes económicos

3 Servicios económicos

4 Recursos o factores de producción

5 Necesidades

<u>Explicaremos cada uno de los términos:</u>

1. Ciencia Social

La economía es una ciencia social porque trata sobre relaciones existentes entre las personas y sus acciones, y las personas y las cosas.

2. Bienes económicos

Los bienes económicos son productos materiales que adquirimos en el mercado, pagando un precio por ellos y que satisfacen alguna necesidad y aumentan nuestro bienestar.

<u>Ejemplos de bienes económicos</u>: alimentos (pan, leche, chocolates) camperas, buzos, celulares, tablet, autos, entre otros.

<u>Actividad 1:</u> Dibuja o imprime y pega imágenes de ejemplos de bienes económicos en el siguiente espacio.

<u>**Bienes económicos**</u>

3. Servicios económicos

Los servicios económicos son aquellas actividades que, sin crear bienes materiales se destinan a satisfacer necesidades humanas, se adquieren pagando un precio, satisfacen una necesidad y aumentan el bienestar de los individuos.

<u>Ejemplos de servicios económicos:</u> camioneta escolar , taxis, ómnibus (trasladan personas de un lugar a otro), hospitales (protegen la salud), colegios (proporciona conocimientos), líneas de celulares (servicio de comunicación), oficios varios como electricistas, sanitarios, cerrajeros, otros.

<u>Actividad 2:</u> dibuja o imprime y pega imágenes de ejemplos de servicios económicos, en el siguiente espacio.

<u>Servicios económicos</u>

4. Recursos o Factores de Producción

Los recursos son los medios que se utilizan para producir los bienes y servicios.

<u>Estos recursos se clasifican en:</u>

. Trabajo (recursos humanos)

. Capital y

. Tierra (Recursos naturales)

<u>Trabajo</u>: Son las personas (trabajadores) que dedican su tiempo y esfuerzo para producir bienes y servicios y reciben a cambio una remuneración llamada salario.

<u>Ejemplo:</u> cajera de un supermercado, persona que surte combustible en una estación de servicio, un chofer de ambulancia, un mecánico de automóviles, un mozo de restaurante, etc.

<u>Actividad 3:</u> Dibuja o imprime y pega imágenes de ejemplos de trabajadores a continuación.

<u>Trabajadores</u>

Capital: Son los bienes duraderos (duran más de un año) que se utilizan en la producción y distribución.

Ejemplos: maquinarias, las mercaderías que venden los comercios, camiones, autos, motos, locales comerciales, computadoras, escritorios, etc.

Actividad 4: dibuja o imprime y pega imágenes de ejemplos de Capital en el siguiente espacio.

Eejemplos de Capital

Tierra (Recursos naturales)**:** son los que brinda la naturaleza de un país.

Ejemplos: los minerales, paneles solares, molinos de viento, la tierra, agua, agricultura, ganadería, pesca, energía eléctrica, entre otros.

Actividad 5: dibuja o imprime y pega imágenes de ejemplos de recursos naturales en el siguiente espacio.

Recursos naturales

Los recursos son limitados

Los recursos son limitados (o escasos) en relación a las necesidades de las personas que son ilimitadas.

Las limitantes de los recursos pueden ser:

. que sean insuficientes en un momento dado,

. que están mal repartidos en el espacio (geográficamente)

. que puede haber abundantes recursos pero limitados en el tiempo.

5. Necesidades

Las necesidades van desde las básicas o fisiológicas (comer,vestirse, vivienda) hasta los deseos que tengamos que aumentan nuestro bienestar.

Las personas siempre tienen necesidades, las cuales son crecientes porque el ser humano no termina de conformarse con lo que tiene, siempre quiere más, por eso son ilimitadas.

Las necesidades (y deseos) económicos de las personas se satisfacen con la adquisición de bienes y servicios.

¿Existe un orden establecido de las necesidades económicas?

No, no existe un orden específico, eso depende de las preferencias de cada individuo, varía de un individuo a otro, por lo tanto es subjetivo.

Podemos simplificar el concepto de economía con el siguiente esquema:

ESQUEMA DEL CONCEPTO DE ECONOMÍA

Recursos	**Necesidades**
Trabajo	Alimentación
Capital	Vivienda
Recursos naturales	Vestimenta …….
	…....................

recursos limitados   y   necesidades ilimitados

Conclusión: el problema económico o de la escasez

El Problema económico o de la escasez

El Problema económico se produce porque con los recursos limitados tenemos que satisfacer necesidades ilimitadas. Evidentemente esto no tiene solución. El ser humano debe ordenar sus necesidades en orden de prioridades decrecientes, tendiendo a satisfacer primero aquellas que considera más importantes, dejando para lo último las de menor importancia.

<u>Actividades</u> (contestar en una hoja aparte)

Actividad 6: escribe tres necesidades o deseos económicos que pueden tener los individuos.

Actividad 7: Queremos irnos de campamento al finalizar el año escolar (o sea, satisfacer nuestro deseo de ir a acampar):

1. ¿Qué actividades podríamos realizar para recaudar fondos (obtener recursos) para cumplir nuestro deseo?

2. ¿Qué bienes tendríamos que llevar al campamento?

3. ¿Qué servicios precisaríamos utilizar?

CAPITULO 2
¿CÓMO FUNCIONA LA ECONOMÍA?

Para entender el funcionamiento de la economía se utiliza el *Modelo de flujo circular o modelo de circulación económica.* Este modelo es una representación simplificada de cómo se relacionan los agentes económicos con los mercados.

Esquema del Modelo de flujo circular de la economía

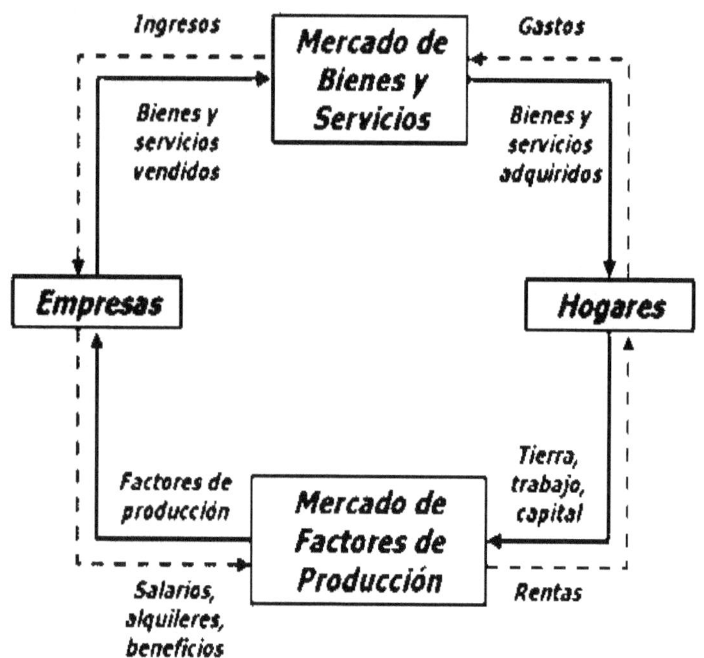

Agentes económicos del modelo de flujo circular

Los agentes económicos son ***los Hogares y las Empresas***, que toman decisiones en la sociedad y se relacionan entre sí a través de los mercados.

1. Hogares: los hogares son unidades económicas de consumo, adquieren los bienes y servicios que producen las empresas, y así satisfacen sus necesidades. Ofrecen los factores de producción que disponen (capital, trabajo y tierra) a las empresas y así obtienen sus ingresos para poder consumir.

2. Empresas: las empresas son unidades económicas de producción, producen los bienes y servicios para los consumidores. Contratan factores de producción a los hogares. Su objetivo es obtener ganancias, el cual proviene de la diferencia entre ingresos que obtienen por la venta de los bienes y servicios, y los gastos que se incurre en la producción.

La empresa es una organización que tiene por finalidad el lucro, o sea ganar dinero.

ACTIVIDADES (*Contesta en una hoja aparte*)

Actividad 8. Determina para una empresa de Panadería:

1. los recursos que utiliza,

2. algunos bienes que produce y

3. las necesidades que satisface.

Actividad 9. Determina para una empresa que brinda un servicio de transporte escolar:

1. los recursos que utiliza,

2. el servicio que produce y

3. las necesidades que satisface.

¿Cómo se relacionan los agentes económicos?

Los agentes económicos se relacionan por medio del Mercado, existen dos mercados en el Modelo de flujo circular:

. el ***mercado de bienes y servicios*** y

. el ***mercado de factores de producción***.

Pero ¿QUE ES UN MERCADO?

El mercado es el conjunto de vendedores y compradores de bienes, servicios o factores de producción. En el mercado se define el precio y las cantidades a transar.

Concepto de oferta y demanda

Al conjunto de vendedores se les conoce por el nombre de <u>oferta</u> y al conjunto de compradores (consumidores) se les conoce con el nombre de <u>demanda</u>.

Un ejemplo de mercado es la famosa feria de Montevideo de la calle Tristán Narjava, otro ejemplo es un Shopping.

Actividad 10: imprime y pega en el siguiente espacio, una imágen de la feria de Tristán Narvaja y otra de un Shopping de Uruguay.

<u>Feria de Tristán Narvaja y un Shopping de Uruguay</u>

EL MERCADO DE BIENES Y SERVICIOS

Allí se representan las relaciones entre empresas y hogares. Las empresas venden lo que producen y las familias compran lo que necesitan, la contrapartida de ese intercambio es un flujo de dinero que parte desde los hogares (por el pago de sus compras) hacia las empresas (por sus ventas a los hogares). Para los hogares, ese pago representa un gasto y para las empresas, ese cobro de dinero representa un ingreso.

Los hogares deciden qué y cuánto comprar y las empresas deciden qué y cuánto producir.

El MERCADO DE FACTORES DE PRODUCCIÓN

Representa las relaciones entre los hogares y las empresas en el mercado.

Se produce un flujo de servicios de factores productivos que va desde lo hogares (propietarios de los factores de producción) a las empresas (que precisan estos factores para producir) a través del mercado de factores, la con-

trapartida es el flujo monetario que va desde las empresas (que compran factores productivos) hacia las familias (que venden factores productivos) a través del mercado de factores.

Remuneración de los factores de producción

. TIERRA, este factor productivo es remunerado por la_ <u>renta (alquiler de la tierra).</u>

. TRABAJO, este factor productivo, es remunerado por el <u>salario.</u>

. CAPITAL, este factor productivo es remunerado por la <u>ganancia.</u>

Ejemplos de funcionamiento de la economía

Ejemplo 1. Camila compra un jugo de caja al supermercado pagando $ 100.

<u>Comentario:</u> Camila representa el hogar, el supermercado es la empresa, el mercado es el de bienes y servicios (el

 Pablo Echegoyen

bien en cuestión es el jugo de caja), el precio son los $ 100.

Ejemplo 2. Ignacio trabaja en un local de comidas rápidas y cobra $ 1.000 por día.

Comentario: Ignacio representa el hogar, el local de comidas rápidas a la empresa, el mercado es el de factores de producción, en este caso el trabajo que es remunerado por $ 1.000 por día.

Actividad 11 (Contesta en una hoja aparte)

Santiago va al *Autoservice del barrio* a comprar 1 litro de leche achocolatada y 2 alfajores y paga $ 200.

Responder en esta situación:

1. ¿quién representa al hogar?

2. ¿ cuál es la empresa?

3. ¿Cuáles son los productos?

4. ¿Cuánto dinero representa el precio?

<u>Actividad 12</u> (Contesta en una hoja aparte)

El papá de Gabriel trabaja en un *Puesto de venta de Frutas, verduras y jugos naturales*, cobrando un salario de $ 20.000 mensuales.

1. ¿Quién representa el hogar?

2. ¿Cuál es la empresa?

3. ¿Cuál es el mercado que interviene en esta situación?

4. ¿Cuál es el factor de producción en esta situación?

5. ¿Cuánto dinero representa la remuneración del salario?

        Pablo Echegoyen

CAPÍTULO 3.

ESTADO, INSTITUCIONES FINANCIERAS Y COMERCIO EXTERIOR

Existen otros agentes económicos, además de las empresas y los hogares, que intervienen en la economía, ellos son:

. El Estado, también llamado <u>sector público</u>.

. las Instituciones Financieras o <u>Sector Financiero</u>

. El Comercio Exterior: <u>importaciones y exportaciones.</u>

<u>EL ESTADO</u>

El Estado (también llamado sector público), desde el punto de vista económico, cumple su papel en la economía. Este sector público obtiene sus ingresos fundamentalmente a través de la recaudación de impuestos que cobra a los hogares y empresas, y es demandante de bienes y servicios producidos por las empresas.

Contribuyentes: *Se conoce como contribuyentes a las personas y empresas que están obligadas a pagar los impuestos al Estado.*

¿Porqué cobra impuestos el Estado?

El Estado establece mediante la ley los impuestos que pagarán las personas y las empresas.

El Estado debe satisfacer necesidades de la comunidad y lo hace a través de servicios públicos tales como educación pública (escuelas y liceos), salud (hospitales), seguridad (policía y militares), justicia, obras públicas (calles, carreteras, plazas), asistencia social (apoyo a los mas necesitados), recolección de residuos, entre otros. Para satisfacer estas necesidades, el Estado precisa recursos y los impuestos es el principal recurso con los que dispone el Estado.

El Estado Uruguayo y la Economía

Empresas del Estado

Actualmente, el Estado uruguayo, concentra empresas denominadas *empresas públicas* porque el dueño es el propio Estado. Estas empresas producen y venden servicios a la población y así el Estado obtiene ingresos de dinero.

Algunos ejemplos son:

UTE: Usinas y Transmisiones Eléctricas

OSE: Obras Sanitarias del Estado

ANCAP: Administración Nacional de Combustibles, Alcohol y Portland

ANTEL: Administración Nacional de Telecomunicaciones

Funciones del Estado

Las acciones del Estado repercuten directamente en los hogares y las empresas.

Las funciones del Estado en la economía del País, se pueden resumir en:

A. Regula el funcionamiento de la economía. Por medio de normativas que regulan el derecho a la propiedad privada, cumplimiento de contratos, defensa del consumidor.

B. Administra los ingresos y gastos del Estado.

C.. brinda servicios públicos como ser: el barrido de calles, iluminación de la ciudad, escuelas y liceos públicos, hospitales, justicia y policía, etc.

D. Participa en la búsqueda de mercados en el exterior para desarrollar las exportaciones del Uruguay.

LAS INSTITUCIONES FINANCIERAS

Las Instituciones financieras (también llamado sector financiero) está formado por los bancos y otras instituciones de intermediación financiera, públicas y privadas.

Bancos pertenecientes al Estado

BCU: Banco Central del Uruguay

BROU: Banco de la República Oriental del Uruguay

BHU: Banco Hipotecario del Uruguay

Algunos Bancos comerciales que operan en Uruguay

SANTANDER, ITAU, SCOTIABANK, HSBC, BBVA, BANDES.

¿CÓMO OPERAN LOS BANCOS?

Los bancos son intermediarios entre los hogares y las empresas, de la siguiente manera, los hogares ahorran su dinero y los depositan en el banco y además, las empresas precisan dinero para producir bienes y servicios, entonces le piden préstamos al banco.

También el Estado necesita dinero para financiar su déficit (cuando los gastos superan a sus ingresos) y piden préstamos a los bancos.

Interés bancario

Es el dinero que cobra el banco por prestar dinero durante un determinado tiempo. También los bancos pagan intereses a las personas que depositan dinero. Los intereses que cobra el banco por préstamos es mayor que los intereses que paga a los que depositan su dinero, la diferencia es la ganancia del banco.

Ejemplo 1: Martín deposita $ 1000 en su cuenta del banco durante un año y este le paga un interés del 2% anual.

Comentario: Martín es el hogar, deposita dinero en el banco (institución financiera) y recibirá al cabo de un año un monto mayor porque cobrará intereses del banco, en este caso recibirá $ 1.020.

Ejemplo 2: La empresa Kesitos S.A. pide un préstamo al banco por $ 3.000 para producir quesos artesanales, a pagar dentro de un año con un interés del 8% anual.

Comentario: Kesitos es la empresa y precisa un préstamo del banco (institución financiera) para poder producir sus quesos. El banco otorga el préstamo y cobrará intereses, en este caso recibirá al cabo de un año $ 3.240.

Actividad 13 (Contesta en una hoja aparte)

Alfonso, dueño de una Ferretería, obtiene un préstamo de dinero del Banco por $ 5.000 a pagar a un año para comprar mercaderías (martillos, escaleras y pinturas), con un interés a pagar del 10% anual.

1. ¿Qué agente económico presta el dinero solicitado?

2. ¿Qué agente económico obtiene el préstamo de dinero?

3. ¿Cuánto es el monto total que cobrará el banco dentro de un año?

Actividad 14 (Contesta en una hoja aparte)

Camila deposita en el Banco $ 4.000 como forma de aho-rro para utilizar dentro de un año, con un interés a cobrar del 3% anual.

1. ¿Qué agente económico deposita el dinero?

2. ¿Qué agente económico recibe el depósito?

3. ¿Cuanto es el monto total de dinero que Camila retirará del banco dentro de un año?

EL COMERCIO EXTERIOR

El comercio exterior consiste en el intercambio de bienes y servicios que se realiza entre nuestro país y los países restantes del mundo (el sector externo). Este intercambio se da a través de las importaciones y exportaciones.

Importaciones: *son los bienes y servicios que las empresas del país compran a otros países.*

Exportaciones: *son los bienes y servicios que las empresas del país venden a otros países.*

¿QUÉ ES LA BALANZA COMERCIAL DE UN PAÍS?

Es la diferencia entre el valor de las exportaciones y el de las importaciones. Esta diferencia se llama saldo de la balanza comercial y puede ser favorable (superávit) o desfavorable (déficit).

El saldo de la balanza comercial es favorable cuando el valor de las exportaciones es mayor que las importaciones (superávit).

El saldo de la balanza comercial es desfavorable cuando el valor de las importaciones es mayor que las exportaciones (déficit).

¿Qué produce Uruguay con la finalidad de exportar?

La producción de Uruguay está conformada por diferentes bienes y servicios. La producción de carne y sus derivados (leche y cuero) fueron el símbolo de las exportaciones de nuestro país durante el siglo XX.

¿Qué pasó a partir del siglo XXI?

Al comienzo del siglo XXI la matriz productiva se diversificó, a modo de ejemplo, servicios de software, call centers, producción de soja y Plantas de celulosa (para fabricar papel), aparecieron en el territorio nacional, todos ellos con fines de exportación.

La Soja

Es uno de los principales productos agrícolas que se exporta. Es muy común ver estos cultivos en el litoral uruguayo. Importantes empresas argentinas se instalaron en el litoral a producir este agroalimento. La soja uruguaya se vende principalmente a China, más del 80% de la soja exportada es a ese país.

Las Plantas de Celulosa

La celulosa es otro de los productos que se exporta y que ocupa los primeros puestos, siendo el principal comprador China. La celulosa se emplea en la producción de papel, papel higiénico, de cocina y cartones.

A partir de la década de los 90 y hasta nuestros días, en Uruguay se desarrolló la forestación. Este sector de la economía (sector forestal) abarca miles de hectáreas en el territorio.

Se han construido en el país Plantas de fabricación de celulosa. La celulosa se obtiene de los árboles, que para ello se plantaron desde finales del siglo pasado.

Existen plantas de celulosa sobre el Río Uruguay y está en construcción una nueva planta sobre el Río negro.

Desarrollo de Software

En nuestro país existe la CUTI Cámara Uruguaya de Tecnologías de la Información. Esta cámara agrupa empresas que desarrollan software y se exporta a distintas partes del mundo.

Turismo

Miles de turistas llegan a nuestro país durante todo el año. Un lugar emblemático del turismo es nuestro principal balneario Punta del Este. Según datos proporcionados por la cámara uruguaya de turismo, este rubro genera cientos de miles de puestos de trabajo en hoteles, restaurantes, transporte, etc.

La Carne

Otro de los productos que se exportan históricamente, siendo sus principales destinos China y Estados Unidos. A partir del 2019 se abre el mercado de Japón para la venta de nuestra carne a ese país asiático.

Nota: Los ejemplos a continuación son inventados.

Ejemplo 1: La empresa Deportix importa de China indumentaria deportiva por $ 4000.

<u>Comentario:</u> Deportix (empresa) ingresa al país indumentaria deportiva (bienes) por medio del sector externo (en este caso de China) y paga $ 4000 (precio).

Ejemplo 2: Mielix exporta miel y derivados a europa, cobrando $ 5.000.

<u>Comentario:</u> Mielix es la empresa, europa representa el sector externo, el bien es la miel y derivados, y el precio son $ 5.000.

<u>Actividad 15:</u> (Contesta en una hoja aparte)

La empresa Didac de Uruguay importa juguetes didácticos por un valor de $ 13.000 desde Brasil para luego venderlos al público uruguayo.

1. ¿Qué país representa el sector exterior?

2. ¿Cuáles son los bienes importados?

3. ¿Cuál es el precio?

Actividad 16 (Contesta en una hoja aparte)

La empresa Infocap de Uruguay exporta videojuegos por valor total de $ 8.000 hacia japón para venderlos en ese mercado.

1. ¿Qué país representa el sector exterior?

2. ¿Cuáles son los bienes exportados? y ¿Cuánto es el precio?

3. Confecciona la balanza comercial de Uruguay con los datos de la actividad 15 y 16, ¿hay déficit o superávit?

 Pablo Echegoyen

CAPITULO 4.

EL PROCESO ECONÓMICO

El proceso económico es un conjunto de actividades humanas destinadas a generar bienes y servicios con la finalidad de satisfacer las necesidades de la población.

Esquema del proceso económico

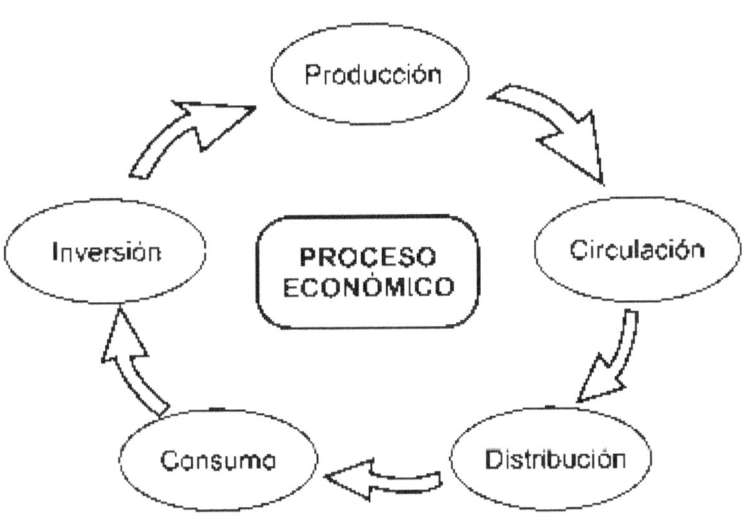

          Pablo Echegoyen

FASES DEL PROCESO ECONÓMICO

Proceso de producción: Es la actividad humana en que se crean bienes y servicios útiles para el hombre para satisfacer sus necesidades.

Producto Bruto Interno (PBI)

El producto bruto interno representa el valor en dinero de todos los bienes y servicios finales que un país produce en un determinado período de tiempo (generalmente un año).

Proceso de circulación: En esta fase, los productores trasladan los bienes y servicios al mercado para ser intercambiados a los consumidores.

Proceso de distribución: Los agentes económicos se distribuyen sus remuneraciones por participar del proceso económico de la siguiente manera:

. Los empresarios reciben sus ganancias.

. Los trabajadores reciben el salario

 Pablo Echegoyen

. El Estado recibe ingresos por los impuestos.

. Los bancos reciben los intereses por los préstamos concedidos.

Proceso de consumo: En esta fase son utilizados (consumidos) los bienes y servicios por los consumidores.

Proceso de inversión: El consumo genera que se tenga que producir nuevamente, para ello se debe financiar esta nueva producción por medio de la inversión. La base de la inversión es el ahorro, puesto que el dinero ahorrado es el que se invierte en una nueva producción y así se puede continuar el proceso económico.

EJEMPLO

Supongamos una empresa que produce pizzas (Pizzería).

Proceso de producción: con la materia prima, harina, salsa de tomate, queso muzzarella, etc., produce las pizzas y otras mercaderías (empanadas, milanesas, etc.)

Proceso de circulación: las pizzas se entregan a los consumidores por medio del delivery, o se consumen en el local.

Proceso de distribución: los dueños de la pizzería reciben las ganancias de las ventas de las pizzas. Le pagan a los trabajadores (pizzero, mozo, delivery) los salarios. Pagan también al Estado los impuestos y pagan al banco el préstamo que se pidió para poder producir.

Proceso de consumo: los clientes de la pizzería consumen las pizzas y otros productos.

Proceso de inversión: una vez consumidos los productos, la pizzería vuelve a producir, para eso invierte dinero para comprar las materias primas y así se vuelve a reproducir el proceso económico.

<u>Actividad 17</u> (Contesta en una hoja aparte)

Realiza el proceso económico para:

1. una empresa que produce bienes como ser una fabrica de golosinas (puedes elegir otra empresa que produzca otros bienes)

2. una empresa de servicios como ser un salón de fiestas infantiles (puede ser otra empresa que preste servicios)

CAPÍTULO 5.

EL DINERO EN LA ERA DIGITAL

En primer término el dinero es aceptado por la sociedad por convención y además está garantizado por el Estado.

¿Qué funciones cumple el dinero?

1. Medio de cambio: Facilita el intercambio de bienes y servicios. Ejemplo: se vende calzado deportivo a cambio de dinero.

2. Depósito de valor: El dinero puede ser almacenado, se puede atesorar (guardar) y utilizarse en un futuro, por ejemplo una persona puede atesorar dinero para en un futuro adquirir un bien o servicio, utilizando el dinero que se guardó previamente.

3. Unidad de cuenta: el dinero está expresado en precios en el mercado que representa el valor de los bienes y servicios, esto ayuda a realizar los cálculos numéricos.

Actividad 18

Imprime y pega en el siguiente espacio, imágenes de billetes y monedas actuales de nuestro país.

Billetes y monedas del Uruguay

 Pablo Echegoyen

<u>Banco Central del Uruguay</u> (BCU)

En Uruguay, la potestad de crear el dinero es del Banco Central del Uruguay (BCU).

Una de las funciones del BCU es el control de la inflación.

<u>La inflación</u> es la suba generalizada y sostenida de los precios en una economía. El término generalizada refiere a que tienen que aumentar la mayoría de los bienes de la canasta básica familiar y el término sostenida quiere decir que ese aumento de los precios sea en el transcurso del tiempo. Al producirse inflación, el dinero pierde valor.

LOS BANCOS MODERNOS

Hoy en día, los bancos conceden préstamos, reciben depósitos, tienen cajeros automáticos, hacen transferencias de dinero, entre otras operaciones.

<u>Además realiza Pagos y cobros como ser:</u>

Pago de servicios públicos (UTE, OSE, ANTEL) y privados (TV Cable, Servicios médicos, etc.), pago de importaciones. Cobro de sueldos, de exportaciones, pasividades y jubilaciones.

<u>INSTRUMENTOS FINANCIEROS</u>

. Tarjetas de crédito   . Tarjetas de débito

. Tarjetas prepaga   . Cajeros automáticos

. Locales de Redes de pago y cobro   . Banca por internet

<u>Los agentes económicos que intervienen en las tarjetas de crédito, débito y prepaga</u>

<u>Son básicamente tres:</u>

1. el <u>emisor de la tarjeta</u> (una institución financiera),

2. el <u>titular de la tarjeta</u> (la persona beneficiada) y

3. la empresa (comercio) que está asociada a la tarjeta.

TARJETAS DE CRÉDITO

Es un plástico que permite acceder al crédito en forma inmediata, sin un estudio previo. Este estudio sólo se requiere cuando se solicita la tarjeta.

Se asigna un monto de dinero disponible como préstamo.

El dinero adeudado se puede pagar en cuotas en un determinado tiempo, pagando un interés.

El uso de la tarjeta es una forma segura de pago pues evita que llevemos dinero en el bolsillo.

Algunas tarjetas generan beneficios como ser descuentos y promociones en los comercios asociados. También tienen sistemas de puntos para canjear por premios.

TARJETAS DE DÉBITO

Es un plástico que permite realizar transacciones financieras de manera electrónica. Se utiliza para:

. hacer compras y

. realizar operaciones en cajeros automáticos (retiros de dinero, consultar su saldo, realizar transferencias y hacer depósitos).

Para realizar una compra con esta tarjeta es necesario tener dinero en una cuenta bancaria y el monto de la compra será debitado de ésta en tiempo real.

Los locales comerciales cuentan con un dispositivo denominado POS (terminal de punto de venta) que permite los pagos automatizados con tarjeta de débito.

Una ventaja de pagar con tarjeta de débito es la rebaja de algunos puntos del IVA (impuesto al Valor Agregado) para el consumidor, con lo cual las compras son más baratas pagando con esta modalidad.

TARJETA PREPAGA

Es un plástico que permite realizar compras y retiros en cajeros automáticos, requiere previamente que se deposite dinero en su cuenta para poder utilizarla. Es muy utilizada en compras por internet.

CAJEROS AUTOMÁTICOS

Son máquinas dispensadoras de dinero activadas mediante una tarjeta y una clave de seguridad secreta personal (PIN) que identifica a un usuario.

Permite realizar retiros y depósitos de dinero, realizar transferencias de dinero, cambio de clave, consulta de saldo de cuenta, y otras funciones más.

Su ventaja es que operan las 24 horas todo el año y están en redes globales, lo que permite su utilización en varias localidades del país y del mundo.

Existen límites de dinero para las extracciones.

LOCALES DE REDES DE PAGO Y COBRO

Son locales que se encuentran en todo el País. Su Funcionamiento se asemeja a un cajero automático y además brinda otros servicios como ser: retiros y depósitos de dinero, transferencias de dinero, pago de servicios estatales y privados, cobrar remuneraciones, abrir una cuenta para depositar y recibir dinero, recarga de tarjetas de celulares y del sistema de transporte metropolitano (STM), entre otros.

BANCA POR INTERNET

Es una plataforma para realizar operaciones bancarias online desde una computadora, tablet o celular (smartphone) de manera fácil, rápida y segura, desde tu hogar o donde estés, sin tener que concurrir al banco. Para operar se requiere de una clave de acceso al sistema. Permite consultar saldos, pagar por débito automático y realizar transacciones.

ACTIVIDADES *(contestar en una hoja aparte)*

Actividad 19

María compra cuadernos por valor de $ 4.000 para llevar a la escuela, en una Papelería y paga con su tarjeta de débito del banco A.

¿Qué agentes económicos intervienen?

Actividad 20

Felipe compra una Heladera por un valor de $ 12.000 en un comercio. Lo paga con su tarjeta de crédito en 10 cuotas iguales de $ 1.400 mensuales.

1. ¿Qué agentes económicos intervienen en este caso?

2. ¿Cuánto va a pagar en total con la tarjeta de crédito? Porqué?

Actividad 21

La mamá de Joaquín piensa comprar por internet un celular por U$S 400 (cuatrocientos dólares). Para pagar esta compra pretende utilizar una tarjeta de prepago en pesos.

El valor del dolar es el siguiente: U$S 1 = $ 30

1. ¿Cuál es el valor mínimo en pesos que tiene que tener la mamá de Joaquin depositado en la tarjeta de prepago para poder comprar el celular?

     Pablo Echegoyen

CAPITULO 6.

LA ECONOMÍA FAMILIAR

La economía familiar significa administrar los gastos (salidas de dinero) del hogar en base a los ingresos obtenidos (entradas de dinero). Para ello se confecciona un Presupuesto familiar.

PRESUPUESTO FAMILIAR

¿Cómo se confecciona un presupuesto familiar?

En una familia existen diversos gastos que afrontar, para ello contamos con ingresos de dinero.

El presupuesto, por lo general, se lleva de forma mensual.

Los componentes del presupuesto familiar son:

. Ingresos   . gastos   . ahorro

. crédito   . inversión

<u>Ingresos:</u>

. el ingreso es el dinero con que cuenta el hogar que proviene de uno o más integrantes de ese hogar.

. Pueden ser fijos o variables mes a mes.

. Pueden provenir del trabajo o también de otras actividades comerciales.

Es recomendable conocer nuestras fuentes de ingresos y en qué momentos del año pueden aumentar o disminuir y así tendremos un control de nuestro dinero para hacer un mejor uso.

<u>Gastos</u>

Podemos clasificar los gastos del hogar en:

. <u>Gastos necesarios</u>, son para cubrir nuestras necesidades alimentarias y de funcionamiento del hogar, Ejemplo de esto son las compras del supermercado (alimentos, productos de limpieza, etc.), ropa, la factura de UTE, el uso del celular, etc.

   Pablo Echegoyen

. <u>Gastos de esparcimiento</u>, que hacen a nuestra calidad de vida y también pueden ajustarse a nuestros ingresos del mes, como ser: salidas al cine, a comer afuera, viajes, etc.

. <u>Gastos extraordinarios:</u> estos gastos aparecen sorpresivamente y hay que afrontarlos en forma inmediata, por ejemplo, si se rompe el microondas o la cocina, o el termotanque del baño. Estos artículos deben ser reparados y no estaban previstos, y por lo general deben arreglarse y pagarse en forma inmediata. Lo mismo pasa con los servicios, por ejemplo, en caso que tengamos que ir al dentista con cierta urgencia, entonces debemos disponer de dinero para ello.

<u>Relación entre ingresos y gastos</u>

<u>Superávit:</u> es el resultado positivo de los ingresos menos los gastos, o sea, cuando los ingresos son mayores que los gastos se dice que hay superávit.

<u>Déficit:</u> es le resultado negativo entre los ingresos menos los gastos, o sea, cuando los ingresos son menores que los gastos, se dice que hay déficit.

<u>Ahorro</u>

Ahorrar no es otra cosa que privarnos de algo en el presente para tener una satisfacción mayor en el futuro.

El ahorro es la diferencia numérica entre ingresos menos gastos, si esta diferencia es positiva, entonces podemos ahorrar ese dinero. Es aconsejable tener capacidad de ahorro, o sea, guardar algo de dinero, no consumirlo todo.

<u>Es importante que cada familia defina:</u>

. la cantidad de dinero a ahorrar,

. el tiempo y

. para qué se está ahorrando.

En el caso que no tengamos claro el objetivo del ahorro, será muy difícil poder ahorrar sólo por ahorrar.

<u>El ahorro puede tener varios cometidos, como ser:</u>

. para adquirir un bien o servicio que con el dinero que percibimos no nos alcanza y por lo tanto deberemos guardar dinero para comprarlo. Ejemplo: un viaje, una computadora, ropa, etc.

. para tener dinero en reserva por si se presenta una emergencia y entonces contar con dinero.

. para hacer que sus ahorros crezcan, (invertir el dinero).

El ahorro se puede hacer en bancos, en moneda nacional o en otras monedas (es común hacerlo en dolares).

Y tú,... ¿para qué ahorrarías dinero?

Crédito

Préstamos al consumo

Cuando una persona observa que le falta dinero, entonces solicita un préstamo. Este préstamo nos permite gastar ahora, pero estaremos pagando una suma de dinero superior en una serie de cuotas, durante cierto tiempo, porque al dinero que nos han prestado deberemos sumarle los intereses.

Hay que tener en cuenta que esta cuota mensual que tenemos que pagar del préstamo, se suma a los gastos del hogar, por lo tanto hay que tenerla en cuenta en el presupuesto mensual del hogar.

La Institución financiera que nos proporcione el préstamo, querrá asegurarse que le paguemos y para ello nos pedirá que demostremos nuestra capacidad de pago y nuestro historial de créditos.

Capacidad de pago: por lo general se solicita el recibo de sueldo o certificado de ingresos,

<u>Historial de créditos:</u> se revisa la conducta de pago de la persona que pide el préstamo para saber si la persona tiene deudas para pagar.

Los préstamos se solicitan normalmente en moneda nacional (pesos uruguayos) y si es en otra moneda es generalmente en dólares.

Inversión

No es lo mismo acumular dinero (ahorrar) que hacer crecer el dinero que uno tiene. Para invertir existen varios instrumentos financieros pero implican correr riesgos, porque cuando se invierte se puede ganar más dinero (rentabilidad) es lo más deseable, pero puede ocurrir que perdamos nuestro dinero o parte de el.

La inversión es colocar dinero en un momento de tiempo y en una actividad económica con la finalidad de una vez transcurrido ese tiempo obtener un monto de dinero mayor al colocado anteriormente. Está implícito el riesgo en ese periodo de tiempo.

<u>ACTIVIDADES</u> *(contesta en una hoja aparte)*

Actividad 22

investiga diferentes préstamos al consumo que proporcionan las instituciones financieras:

1. cuanto es el monto a prestar,

2. cuanto es el total a pagar y en cuantas cuotas,

3. Determina el total de los intereses que se pagan y su cálculo en porcentaje.

Actividad 23

Confeccionar el presupuesto familiar de la familia de Thiago según los siguientes datos:

Presupuesto Familiar

Sueldo padre de Thiago: $ 32.000 por 8 hs de trabajo diarias.

Sueldo madre de Thiago: $ 8.500 por 4 hs. ya que además se dedica a las tareas del hogar.

Además, la familia recibe $ 15.000 por concepto de alquiler de una casa de su propiedad.

Abuelo que comparte la vivienda aporta su jubilación de $ 14.000.

La familia está integrada por las personas ya mencionadas más dos hijos. Uno tiene 8 años y asiste a una Escuela Pública, mientras el otro tiene 16 años y asiste a 4to año de Secundaria en una Institución privada con una cuota de $ 16.000.

Donde viven son inquilinos abonando $ 18..000 mensuales más $ 2,500 de gastos comunes que incluye el consumo de agua (OSE).

Consumo de UTE corresponden $ 4.000 mensuales, celulares de los padres con contrato de $ 1.200 cada uno y recarga por $ 200 para cada hijo, por mes.

La alimentación promedia unos $ 600 por día.

Se pide: Analizar la información de la siguiente manera:

1. Ingresos y gastos totales mensuales (desglosados) indicando si hay superávit o déficit (haz una columna con ingresos y otra de gastos).

2. Confeccione una lista de otros gastos (un total de 5) que puede tener la familia, además de los descritos en la letra.

3. ¿ Es posible aumentar los ingresos familiares ?

　　　　Pablo Echegoyen

CAPÍTULO 7.

ECONOMÍA Y MEDIO AMBIENTE

"Como dijo varias veces el premio nobel Joseph Stiglitz, en los próximos años toda la economía dependerá de la ecología" Leonardo Boff (ecologista brasileño)

Si tomamos el concepto de economía, los recursos son finitos o limitados, por lo tanto mantener los recursos que nos proporciona el medio ambiente se hace indispensable. Esta relación entre economía y el medio ambiente se conoce como las Nuevas Economías o economías del siglo XXI.

NUEVAS ECONOMÍAS

Se conoce por nuevas economías o economías del siglo XXI a los modelos económicos que procuran un impacto positivo en el medio ambiente. Se apunta al desarrollo sustentable teniendo en cuenta que los recursos del planeta son finitos, por lo tanto tienen que ser bien aprovechados. Se puede apreciar en nuestro país diferentes actividades que promueven las llamadas nuevas economías.

También es llamada nueva economía a la Economía digital, que utiliza las tecnologías de la información y comunicación (TICs) al servicio de la economía.

Dentro de las Nuevas Economías del siglo XXI están:

. Economía circular   . Economía solidaria

. Empresas B   . Economía verde

. Economía azul   . Economía digital

Economía Circular

La economía circular promueve la producción de bienes y servicios en forma sostenible ¿esto que significa? Que se reduce el consumo de energía, el tiempo de producción y los desperdicios.

Principios básicos: reducir, reutilizar, reparar y reciclar, que conforman un círculo continuo (de allí el nombre de economía circular).

Fuente: uruguaycircular.org

Economía solidaria

"La economía solidaria es una construcción colectiva, dinámica y transformadora que implica incorporar los valores solidarios en la teoría y la práctica de la economía. Sitúa en el centro a las personas y actúa en las diversas fases de la actividad económica: producción, consumo, distribución y finanzas."

fuente: economiasolidaria.org.uy

Empresas B

¿Qué es una empresa B? Las empresas B se comprometen a tomar decisiones considerando las consecuencias de sus acciones a largo plazo en la comunidad y el medio ambiente, o sea que las empresas B miden su impacto social y ambiental.

Fuente: sistemab.org/como-me-sumo/

Economía verde

El programa de las Naciones Unidas para el Medio Ambiente (PNUMA) define la economía verde como aquella que da lugar al mejoramiento del bienestar humano e igualdad social mientras que se reducen los riesgos medioambientales y la escasez ecológica.

Fuente: Programa de las Naciones Unidas para el Medio Ambiente (PNUMA)

     Pablo Echegoyen

Economía azul

Se trata de un concepto que copia los ecosistemas naturales para ser eficientes en la producción de bienes y servicios que los ciudadanos necesitan para ser felices, con responsabilidad compartida y respeto para las generaciones futuras.

Quien lidera esta nueva economía es el economista y emprendedor belga Gunter Pauli, que visitó cuatro veces nuestro país promoviendo la economía azul.

Fuente: Ecointeligencia.com

Economía digital

La economía digital es el empleo del internet como plataforma global para la creación de riqueza y para la distribución y consumo de bienes y servicios para satisfacer las necesidades de la sociedad.

Los componentes de la economía digital son tres:

. <u>las TICs</u>, es la tecnología utilizada para conformar las plataformas y los soportes de telecomunicaciones.

. <u>los usuarios, empresas y personas</u> que ofrecen y deman-dan productos (bienes y servicios).

. <u>red de banda ancha</u>, que hace posible la conexión entre oferentes y demandantes.

Fuente: economiatic.com , Leopoldo Abadía.

En Uruguay crecieron las compras y el consumo de los uruguayos a través de medios digitales en los últimos años. Según la CEDU "el 52% de los uruguayos adquiere bienes y servicios a través de la web".

CEDU: Cámara de Economía Digital del Uruguay

ANEXO

CONSUMO RESPONSABLE

En la sociedad moderna existe la preocupación por el medio ambiente y por ello se apunta a que el consumo debe ser responsable.

Si tomamos la definición de economía, el consumo responsable significa un replanteamiento del uso de los recursos para satisfacer las necesidades de los consumidores,

 Pablo Echegoyen

buscando la no degradación del ambiente y la búsqueda de beneficios saludables para la población.

CONSUMISMO

La otra cara del consumo responsable sería el llamado consumismo. Se escucha a menudo que en nuestra sociedad somos muy consumistas, pero ¿qué es el consumismo?

La palabra consumismo proviene del latín "consumere" que significa gastar o destruir. El consumismo refiere a la compra y acumulación de bienes y servicios superfluos (que no es relevante o necesario). Para satisfacer una sociedad consumista, se producen gran cantidad de productos, gastando en forma excesiva energía y materiales, causando mayor contaminación ambiental y generando abundantes residuos y desechos tecnológicos.

<u>CONSUMO RESPONSABLE EN URUGUAY</u>

Existen una serie de actividades que se realizan en Uruguay en favor del consumo responsable, que son:

 Pablo Echegoyen

1. LA CANASTA INTELIGENTE

La canasta inteligente es como lo dice su propia palabra una canasta de consumo de verduras y frutas de estación, o sea que apunta a la alimentación saludable. Lo de inteligente tiene que ver con que al consumir verduras y frutas de estación, las podemos conseguir con facilidad, en su mejor estado y a buenos precios, llegando en forma accesible al consumidor.

El mercado modelo detalla en su página web la información sobre la canasta inteligente.

<u>Actividad 24</u>: dibuja o busca imágenes de algunas frutas y verduras que se consumen en Uruguay y pégalas a continuación.

<u>Frutas y Verduras que se consumen en Uruguay</u>

2. EFICIENCIA ENERGÉTICA

La eficiencia energética significa el uso responsable y eficiente de los recursos energéticos como ser el agua, la electricidad, los combustibles. La eficiencia se logra disminuyendo el consumo manteniendo los mismos niveles de producción o de confort. Se puede lograr la reducción de energía por dos vías, una modificando hábitos de consumo y otra por los avances tecnológicos.

No debemos confundir eficiencia energética con ahorro de energía. El ahorro energético se produce cuando limitamos el uso de los recursos, para optimizar estos recursos.

Eficiencia en los electrodomésticos

Los electrodomésticos con etiqueta A son los más eficientes energéticamente (consumen menos energía eléctrica). Los electrodomésticos tienen una etiqueta que van desde la letra A (mayor eficiencia) a la G (menos eficientes).

<u>Etiqueta de electrodomésticos</u>

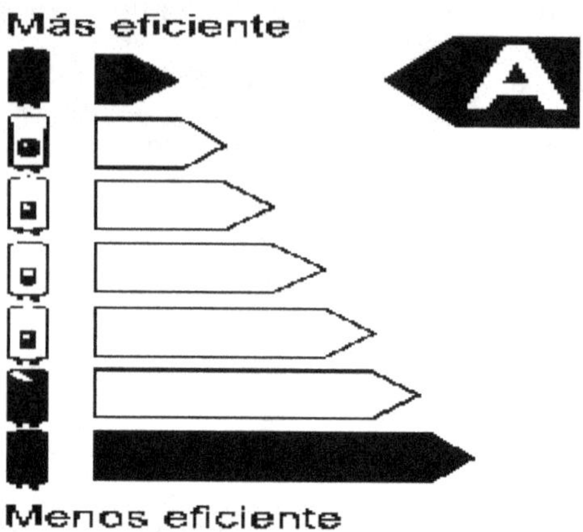

Lamparas LED

Un ejemplo de eficiencia energética son las lámparas LED que se utilizan cada vez más en las ciudades, en los hogares, las empresas y el Estado (iluminación de diferentes espacios de la ciudad). Los semáforos de Montevideo se están sustituyendo por tecnología LED.

ACTIVIDADES FINALES

Actividad 25: *Armando la economía*

(contesta en una hoja aparte)

Con la siguiente lista de agentes económicos, confeccionar un mapa conceptual que indique cómo funciona la economía, luego explica en forma oral a otros tu formato de mapa conceptual.

<u>Utilizar los siguientes agentes económicos:</u>

. Contribuyentes	. Inversores
. Ahorristas	. Empresas
. Empresarios	. Trabajadores
. Estado (rol económico)	. Mercado

<u>Nota:</u> *a modo de ejemplo,* el mapa conceptual se puede confeccionar utilizando flechas, círculos, rectángulos, ubicando los más importante arriba o ubicando lo más importante en el medio o abajo, es de libre confección. Si

lo deseas puedes incluir otros conceptos económicos al mapa conceptual.

Actividad 26:   *Completa el Crucigrama*

E _ _ _ _ _ _ _

C _ _ _ _ _ _ _ _ _ _ _ _ _

O _ _ _ _ _ _ _ _

_ N _ _ _ _ _ _ _

_ _ _ _ _ O

M _ _ _ _ _ _

_ _ _ I _ _ _

_ _ _ A _ _ _ _

A lo largo de este libro hemos visto distintos temas, los cuales están representados en ente crucigrama, ¿te animas a desafiarlo?

E. Son unidades económicas de producción, producen los bienes y servicios para los consumidores. Contratan factores productivos a los hogares. Su objetivo es maximizar su beneficio.

C. Denominación que se le da a las personas y empresas que están obligadas a pagar los impuestos al Estado.

O. Palabra que da origen a la palabra economía, de origen griego que significa administrar un hogar

N. Colocar dinero en un momento determinado de tiempo y en una actividad económica con la finalidad, una vez transcurrido un periodo de tiempo, obtener un monto de dinero mayor al colocado anteriormente.

O. Representa al sector público y obtiene su ingreso principalmente por medio del cobro de impuestos

M. Es el conjunto de vendedores y de compradores de un bien, servicio o factor productivo. El encuentro de dichos agentes define el precio al cual se intercambiará una unidad del bien, servicio o recurso y las cantidades a transar.

I. Es uno de los factores productivos. Representa los bienes con una durabilidad mayor a un año.

A. Son unidades económicas de consumo, adquieren los bienes y servicios que producen las empresas para satisfacer sus necesidades.

MUCHAS GRACIAS POR DISPENSAR DE TU TIEMPO EN ESTE MATERIAL!!!

BIBLIOGRAFÍA

. Laura Raffo. 2016. La economía al alcance de todos. 5° edición. Editorial Aguilar.

. BROU. 2015. Manual de supervivencia para bolsillos. Educación financiera para todos. Guía del facilitador.

. Rodrigo Alvarez Langon. 2014. Finanzas Ninja, 1° edición. Editorial Fin de Siglo.

. Julio Amaro. 2008. Administración y Contabilidad. Tomo 1. La Empresa. Editorial Monteverde.

. CINVE (Centro de Investigaciones Económicas). 2007. Para entender la economía del Uruguay. 2ª edición. F CU

. DGI: Guía de Educación tributaria.

. MIEM: eficiencia energética

. Comofuncionaque.com. Principales funciones del dinero.

. la ciencia económica blogspot.com

www.ingramcontent.com/pod-product-compliance
Lightning Source LLC
Chambersburg PA
CBHW070549160726
48003CB00005B/1961